geneviève gauthier

La collection design&designer est éditée par
PYRAMYD ntcv
15, rue de Turbigo
75002 Paris – France

Tél. : 33 (0) 1 40 26 00 99
Fax : 33 (0) 1 40 26 00 79
www.pyramyd-editions.com

©PYRAMYD ntcv, 2004

Direction éditoriale : Michel Chanaud, Patrick Morin, Céline Remechido
Suivi éditorial : Nathalie Le Stunff
Traduction : Gillian O'Meara, Paul Jones
Correction : Dominique Védy
Portraits de la couverture : Ulf Andersen
Conception graphique du livre : Pierre Klipfel, Juanma Gómez Calvin
Conception graphique de la couverture : Pyramyd ntcv
Conception graphique de la collection : Super Cinq

ISBN : 2-910565-87-4
ISSN : 1636-8150
2ᵉ dépôt légal : 2ᵉ semestre 2006

Imprimé en Italie par Eurografica

geneviève gauckler

préfacé par loïc prigent

GENEVIÈVE GAUCKLER

Parfois, on se dit que Geneviève Gauckler se drogue. De façon récréative, mais qu'elle se drogue. « J'essaie toujours d'insuffler aux objets plus d'esprit, plus d'intelligence et plus de beauté. »
La première émotion typographique de Geneviève Gauckler fut Flipper le Dauphin. « À la fin du générique, il y a ces grosses gouttes d'eau très années soixante. Elles se mettent à danser. Et finissent par écrire "Flipper". À chaque fois, j'attendais la fin du générique pour l'admirer. Sinon, dans un registre régressif, j'étais fascinée par le logo Nestlé sur les berlingots et la plupart des signes sur les emballages alimentaires. » On retrouve ce sens du plaisir dans le travail de Geneviève Gauckler, formes paisibles et rassurantes. Ses sigles comme pour le magazine *Minimix* sont ronds, féminins, mais sans nostalgie. « Faire des images assez douces, un espace dans lequel on se sent bien », revendique-t-elle. Du réconfortant, de l'étincelant, parfois à la limite de la débilité. Quatre ronds et une bosse et c'est une mascotte de Boo.com qui apparaît. « J'essaie de contacter le monde de l'enfance, c'est là où je trouve une richesse. Toucher les gens en leur racontant une histoire, c'est ce vers quoi je tends. On dessine un rond noir, deux ronds blancs et tout le monde y voit un personnage, on y projette tout de suite une gentillesse, presque malgré nous, c'est assez magique. »

Sometimes we tell each other Geneviève Gauckler's on drugs. Recreational, but drugs nonetheless. "I always try to instil more spirit, more intelligence and more beauty into objects". Her first typography-triggered emotion was Flipper the Dolphin. "At the end of the credits, there are those large drops of water, very 1960s. They begin to dance. And finally they spell 'Flipper'. Every time it came on, I would wait for the end of the credits to admire the drops. Otherwise, I had this regressive thing where I was fascinated by the Nestlé logo on their cartons and most of the signs on food packaging." This sense of pleasure can be found in Gauckler's work, with its peaceful, reassuring shapes. Her design for the *Minimix* magazine title is round and feminine, but not nostalgic. She likes to "make quite gentle images, a space in which you feel good". Comforting, sparkling, sometimes verging on silly. Four circles and a bump, and you have a Boo.com mascot. "I try to get in touch with the world of childhood, that's where I find a richness. I aim to reach people by telling them a story. If you draw a black circle and two white circles, everyone sees a person – you immediately project a kindness, almost in spite of yourself. It's quite magical."
But Geneviève Gauckler's work is far from infantile: obsessed with typography, she wrote a thesis on it ("Typography and art") and can spend hours checking the letter spacing in a text. She has a vast

Loin de l'infantilisme, Geneviève Gauckler est une obsédée du typographique. Elle a fait une thèse sur la typographie («La typo et l'art») et passe des heures à vérifier l'interlettrage d'un texte. Elle possède un vaste choix de ce qu'elle appelle les «blagues d'interlettrage». On l'a souvent entendue évoquer l'idée loufoque d'envoyer des lettres à la page «courrier des lecteurs» de l'hebdomadaire *Télé7Jours* qui y recenserait toutes les minuscules dérives typographiques du numéro précédent.

Sa police de caractères de choix est clairement, définitivement semble-t-il, l'Helvetica. «C'est un épaississant. C'est comme s'habiller en noir, c'est toujours neutre, on ne peut pas se tromper.»

De l'Helvetica, mais pas du jésuitisme. «Il faut faire simple et direct, mais en touffu.» En témoigne son poster pour le magazine graphique *Bulldozer*, constitué de quatre-vingt-dix vignettes évoquant le prospectus de semaine promo de supermarché, le magazine américain spécialisé dans la nourriture pour chats, le dépliant de sectologue, la publicité hormonoïde et le manuel sur le zen. Euphorie forcée, engloutie sous la masse de signes.

Le discours oscille entre la prof de yoga illuminée et le vendeur immobilier ayant avalé trop de coupe-faim avec une idée centrale : le refus d'une réalité devenue trop commerciale. Des slogans anglais surgissent partout : «pensez vite», «paraissez en vie», «frustré d'un excès de matérialisme?», «les grandes choses viennent avec de grands emballages». Tout est en anglais «plus par souci d'univer-

repertoire of what she calls "letter spacing jokes". She often brings up the crazy idea of sending letters to the "Letters Page" of the weekly French television magazine *Télé7Jours*, that would list all the tiny typographical slips that appeared in the previous issue.

Her favourite font is clearly, and perhaps forever, Helvetica. "It's a thickener. It's like wearing black. It's always neutral, you can't go wrong."

But neutral does not mean overly subtle. "One's work must be simple, direct, but dense." Witness her poster for the *Bulldozer* graphics magazine, which comprises 90 vignettes that evoke the flyer for next week's supermarket promotions, an American magazine specialised in cat food, a brochure for a sect, hormone advertising and a manual on zen. There's a forced euphoria, hidden under the mass of signs. The message wavers between that of a visionary yoga teacher and the real estate salesman who's swallowed too many snacks. But there's one central idea: to reject a reality that has become too commercial. English slogans appear everywhere: "Think fast", "Look alive", "Unsatisfied with excessive materialism", "Great things comes in great packages". Everything's in English "more out of concern to be universally understood than out of snobbery". A levitated brain, a car in the middle of a smiling face, a horse watching a pressure cooker. Add to this a blur that makes you think there was a haze over the

salité que par snobisme». Un cerveau en lévitation, une voiture au milieu d'un visage souriant, un cheval regarde une cocotte-minute. Il y a du flou gaussien à faire croire qu'il y avait de la brume chez l'imprimeur ce jour-là. «Il y a une surabondance d'images, c'est surchargé, mais direct. Rempli de petits éléments qui finissent par constituer une chose simple.»

Celle qui, enfant, cumulait dans ses jeux les figurines de ferme, de voitures et de soldats allemands, a depuis longtemps un penchant pour la décomposition, la surcharge, la modification par enchevêtrement. «À vingt et un ans, pendant mes vacances, j'avais acheté un lézard empaillé, cent francs (il manquait les pattes). J'ai "customisé" l'animal avec des bouts de plastique provenant de maquettes d'avion, des bouts de moteurs, des tuyaux. J'ai tout peint en gris, c'était spécial.»

La collection de pochettes de disques réalisées par Geneviève Gauckler, au-delà de Björk et de Dimitri From Paris, est marquée par sa collaboration avec F Communications. D'abord baptisé Fnac Music Dance Division, c'est, historiquement, le premier label français techno d'envergure. «F me donnait la contrainte de faire le plus dénué possible. J'aurais voulu faire plus dense, plus compliqué, j'étais condamnée à l'épure.» Elle invente alors un dépouillement sursaturé. Elle crée un univers stérilisé, ésotérique, dont on finira par se demander s'il n'est pas sexuel, dans la lignée du trauma HIV omniprésent à l'époque.

printer's that day. "There's an overabundance of images, it's busy, but direct. Full of little elements that end up by forming something simple." As a child, she amassed figurines of farms, cars and German soldiers. As an adult, she has long held a fondness for decomposition, overloading, and altering things by entangling them. "When I was 21, during my holidays, I bought a stuffed lizard for a hundred francs. Its feet were missing, so I 'customised' it with bits of plastic from a model aeroplane kit, bits of engine, pipes, and so on. I painted the whole thing grey. It was peculiar."

Geneviève Gauckler's work on record covers – apart from those for Björk and Dimitri From Paris – is marked by her association with F communications. Initially known as Fnac Music Dance Division, this was the first major French techno label. "The constraint set by F was to make the cover as bare as possible. I would have liked to make the covers more dense, more complicated, but I had to pare down the design." So she invented an over-saturated bareness, by creating a sterilised, esoteric world, and people began to wonder whether or not it was sexual, in view of the HIV trauma that was everywhere at the time. The young artist worked in the warm, friendly atmosphere of the Kuntzel + Deygas studio on advertising and videos for Dimitri From Paris and Yves Saint Laurent. Or on short films such as Tigi, Velvet 99 and Winney. On certain videos like Pierre Henry's "Psyché Rock", one second

La jeune femme a travaillé quatre ans dans l'atelier très chaleureux de Kuntzel + Deygas, sur des vidéos et des publicités, pour Dimitri From Paris et Yves Saint Laurent. Ou des courts métrages comme Tigi, Velvet 99, Winney. Pour certaines vidéos, «Psyché Rock» de Pierre Henry, c'est deux jours de travail collectif pour une seconde d'image. Puis elle passe en solo à l'image animée. D'abord, grâce au logiciel Flash, découvert et approfondi lors de son passage chez Boo.com, une fameuse entreprise en ligne, aujourd'hui coulée, mais dont la direction artistique aura été une aventure. Ses premières animations relèvent de l'art cinétique très pop.

Elle réalise ensuite la vidéo promotionnelle de Brigitte Fontaine, «Y'a des Zazous», ainsi que tous les habillages discographiques attenants. Y figure un pastiche des paysages d'expositions universelles, inspiré par Archigram, un collectif d'architectes anglais utopistes, une statue de la liberté, un palmier, une queue d'hippocampe, un dirigeable. «Le but était d'en mettre le maximum, de faire une ville imaginaire mais très cohérente.» Pour ce même disque «Kekeland», Geneviève Gauckler réalise, au cours de l'été 2001, une pochette «nostradamusienne» : elle assemble le World Trade Center, une aile d'avion, le croissant islamique, une mitraillette adossée à l'Empire State Building et, sur le toit des tours jumelles, un ange avec une trompette (de la mort?).

Le fil conducteur de son travail est pourtant un optimisme à toute épreuve, une envie d'images

of image took two days of collective work. Then she began to work alone on animated images, initially thanks to Flash software. She became familiar with Flash during her time with Boo.com, a well-known online company, which has since collapsed, for which the art direction proved to quite an adventure. Her first animated films were very kinetic, very pop art. Then she made Brigitte Fontaine's promotional video "Y'a des Zazous", and designed all the accompanying artwork for the CD, including a pastiche of landscapes for universal exhibitions. Featuring among the elements of the pastiche inspired by a group of utopian English architects called Archigram: a statue of liberty, a palm tree, a unicorn's tail, a hot-air balloon. "The idea was to include a maximum of objects to make an imaginary town in which everything fit." For the same CD, "Kekeland", Geneviève Gauckler designed a prophetic CD cover during the summer of 2001: she assembled the World Trade Center, an aircraft wing, the Islamic crescent, a submachine gun set against the Empire State Building and, on the top of the Twin Towers, an angel with a trumpet (announcing death?).

And yet the theme throughout her work is one of unfailing optimism, a desire for positive images. "When I designed my New Year's cards with potatoes of all shapes and sizes representing types of personality, a girl whom I didn't even know came across them by chance and rang me to say that they had

positives. « Lorsque j'ai fait mes cartes de vœux de nouvel an avec des patates de toutes formes représentant des types de personnalités, une fille que je ne connaissais même pas les avait décou-vertes par hasard et m'avait appelée pour me dire que ça lui avait remonté le moral. Je trouve ça formi-dable d'avoir ce pouvoir-là, c'est absolument dément. »

Geneviève Gauckler a longtemps contemplé des mandalas bouddhistes, ces fresques colorées et complexes. « Ce sont des reproductions de l'ordre cosmique, exécutées par des moines qui les effacent à la fin. Ça m'éblouit qu'ils les détruisent après tant d'heures et de jours de concentration furieuse; c'est à l'encontre de tous nos soucis de postérité. »

Aujourd'hui, Geneviève Gauckler s'attaque à une forme de mandala numérique. Elle agence à l'infini, comme dans des rosaces gothiques, des bouts de peluches, des fleurs, des couteaux, des fils, des à-plats de couleurs. « C'est la beauté des objets du quotidien, les bretzels, les fils et les ciseaux, les morceaux de sucre dupliqués jusqu'à en faire une tapisserie. » Elle ne cesse de photographier des objets avec son appareil photo numérique, aussitôt téléchargés, aussitôt retouchés, aussitôt agencés. « Je tente de trouver une nouvelle formule de composition, de nouvelles harmonies. La créativité vient par le mélange. Mélanger deux formes qui ne se sont jamais rencontrées. On prend un élément ici et un accessoire là et on les met en ménage. Faire se côtoyer une gomme avec une arabesque qui peut avoir

cheered her up. I find it extraordinary to have that power, it's fantastic."

Geneviève Gauckler has been interested in Buddhist mandalas for a long time. The colourful, complex murals are "reproductions of the cosmic order, produced by monks who then rub them out. It staggers me that they destroy them after so many hours and days of furious concentration. It goes completely against all our concern for posterity."

Geneviève Gauckler has now taken on a sort of digital mandala. She constantly puts together bits of soft toys, flowers, knives, thread, flat tints, as if constructing Gothic rose windows. "It's the beauty of everyday objects – pretzels, threads and scissors, sugar lumps, duplicated until they make a tapestry." She photographs objects ceaselessly with her digital camera, and as soon as they are downloaded onto her computer she works at them, puts them in place. "I try to find new composition formulas, new harmonies. Creativity comes from the mixing, blending. Associating two shapes that have never come into contact before. You take an element here and an accessory there and bring them together, juxta-posing an eraser with an arabesque which can be millions of years old. When you bring them together, something necessarily happens."

She hunts through CD encyclopædias of drawings. By reintroducing popular imagery tucked away in

des millions d'années. De les faire se rencontrer, forcément, il se passe quelque chose.»
Elle pioche dans des disques encyclopédiques d'images dessinées. Ainsi, en reprenant l'imagerie populaire la plus banalement enfouie dans les inconscients, elle détourne l'empreinte psychique des signes comme dirait Saussure. D'un jargon universel, espéranto graphique, elle crée un langage bien à elle, une inédite harmonie aux gènes triturés. «J'aime ce "sample" d'images sans style, au degré zéro de la culture visuelle, déconstruire, faire un arbre à partir de la silhouette d'un hérisson, défaire et remettre en ordre.» Avec le sentiment de puissance, d'être un docteur Frankenstein sur Illustrator.
C'est ainsi qu'elle a mis au point sa première bande dessinée, *L'Arbre génialogique*. Le livre est une analyse dynastique des cataplasmes. Geneviève Gauckler écrit et dessine le schéma de reproduction d'un bestiaire loufoque et manifestement aussi atrocement bête que fertile. «Je pars de la philosophie zen qui veut que la vie continue interminablement, prend différentes formes. Tout change et, à la fin, on a ce sentiment d'écœurement, on se dit à quoi bon.» Elle greffe des jambes, les pose sur des canapés, des toilettes, les transforme en puce, transforme un vers de terre en chose «difforme et pathétique» qui joue au badminton, au foot et surveille son alimentation.
Elle se pense «tout sauf spontanée», mais possède cependant une rapidité d'exécution rare. Témoin, le journal pastiche *IdéalVPC,* exécuté à partir de trois notes prises à la fin d'un jogging à Vincennes, d'une

our unconsciousness, she hijacks the psychic of signs, as Saussure would have said. From a universal jargon, a graphic Esperanto, she creates her own language, a harmony unknown until now achieved through manipulated genes. "I like this sampling of images without styles, degree zero of visual culture, deconstructing, making a tree from the silhouette of a hedgehog, taking apart and putting back together." There's a feeling of power, being a Dr. Frankenstein on Illustrator.
Geneviève Gauckler eventually designed her own cartoon *L'Arbre Génialogique* (The Genialogy Tree). She describes in writing and draws the reproduction process of a crazy bestiary, which is clearly as ridiculously stupid as it is fertile. "I am inspired by Zen philosophy, which claims that life continues interminably, taking different forms. Everything changes and at the end, you have this feeling of nausea and can't see the point in anything." She grafts legs on to sofas or toilets, turns them into fleas, transforms an earthworm into something "deformed and pathetic" that plays badminton and football and pays attention to what it eats.
She thinks she is "anything but spontaneous", but nonetheless works at a speed that is rare. On example is her *IdéalVPC* pastiche magazine, born from a handful of notes taken at the end of a run in Vincennes, a passing obsession for the Bookman font, a good dose of nihilism and some ridiculous photos.

obsession momentanée pour le caractère Bookman, d'une bonne dose de nihilisme et de photos idiotes. Elle dessine des patates sur lesquelles elle greffe des humeurs, elle insère des petites bêtes adorables sur des images de restauration sur une aire d'autoroute, de métro londonien. Même le temple religieux se retrouve parasité par les mascottes, l'obsession du mignon, un monde spirituel pollué par une déchetterie de pingouins en peluche. Sur le parquet de son appartement, elle pose des spaghettis et leur sauce. Un arc-en-ciel, deux bonshommes, elle transforme l'image en illumination divine.

Pour le titre d'ouverture d'une émission produite par la ZDF, et qui avait pour objectif de faire découvrir l'Allemagne aux Américains, elle accessoirise le titre d'une saucisse, cliché extrême finalement drôle. « C'est l'inverse de la direction artistique, c'est faire dans la décoration », assume-t-elle.

Un graphiste est souvent livré avec un ego démesuré. « Je maîtrise la Arial Black, donc les dieux de l'Acropole sont mes amis » est une croyance naïve mais répandue dans la profession. Geneviève Gauckler a senti le spectre et s'est mise au zen. « Le zen m'a apporté plus de liberté. Je me donnais des kilotonnes de contraintes graphiques, j'avais des catafalques de préjugés, trop de rigidité. Maintenant, je prends moins de pincettes. Nettement moins. »

Mais non, Geneviève Gauckler n'évolue pas dans des sphères artificiellement euphorisées. « Une seule fois, on m'a fait consommer de l'ecstasy, en visitant le musée du Débarquement en Normandie,

Her potatoes have moods. She inserts adorable little animals into images of restaurants in motorway rest areas, or images of the London Tube. Even the religious temple has its parasite mascots, an obsession with the cute – a spiritual world is polluted by a waste dump of cuddly toy penguins. On the parquet floor of her apartment, she places spaghetti and its sauce. She transforms a rainbow and two men into a divine illumination.

For the opening title of a programme produced by the German television channel ZDF, which aimed to introduce Germany to American audiences, she used a sausage as an accessory, an extreme but amusing cliché. "It's the opposite of art direction," she says. "It's decoration."

A graphic artist often comes with an outsize ego. "I use Arial Black, consequently the gods are my friends", is a naive belief that is quite widespread in the profession. Geneviève Gauckler sensed the risk and turned to zen. "Zen gave me more freedom. I was hampered by tonnes of graphic restrictions, heaps of prejudices, and was far too rigid. Nowadays, I'm far less cautious. Far less."

But don't think for a second that Geneviève Gauckler moves in artificially euphoric circles. "Just once I was given some ecstasy, when I was visiting the D-Day museum in Normandy. It was dreadful. Perhaps guitarists can continue to play when they're on drugs, but with my hi-tech tools it's not so easy. Working

c'était lamentable. Peut-être qu'un guitariste peut encore jouer sous drogue mais moi, avec mes outils technologiques, c'est moins facile. Travailler sur le logiciel Flash drogué, il vaut mieux éviter. » Pourtant elle a laissé son empreinte sur le mouvement musical issu de la culture de l'extase. Écrit en anglais, *Music is the answer* (« la musique est la réponse ») était, à l'origine, un projet d'exposition d'affiches grand format illustrant les classiques de la musique électronique. « C'est la théorie du stéréo-réalisme mise au point par le scénariste Thierry Smolderen, sur les techniques pour embarquer le spectateur avec une efficacité maximale. Tous ces morceaux de musique qui embarquent dans un grand huit et vous mettent dans un état second. Je suis fascinée par les industries de l'hallucination, quand on s'oublie. »

Loïc Prigent

Loïc Prigent travaille pour la presse écrite et la télévision.

on Flash software under the influence is to be avoided." And yet, she left her mark on the music movement that stemmed from the ecstasy culture. "Music is the answer" (written in English) was origi-nally a project for a giant poster exhibition illustrating the classics of electronic music. "It's the Stereo Realism theory, developed by screenwriter Thierry Smolderen, on the techniques that most effectively capture an audience. All these pieces of music that come at you like a rollercoaster and leave you reeling. I am fascinated by the hallucination industries, that make you forget yourself."

Loïc Prigent

Loïc Prigent works for the written press and television.

M C POUR LE MAGASIN VO
(E CES JEUNES)
D GALERIES LAFAYETTE
P
2

AL FOR VO YOUTH AREA
ALERIES LAFAYETTE
RTMENT STORE
S

minimix ®

14

MINIM
1996
LOGOTYPE
JE SUIS PARTIE D'UN CARACTÈRE
EXISTANT TROUVÉ DANS UN VIEUX
CATALOGUE ET JE L'AI REDESSINÉ :
IL EST ROND, SANS ÊTRE MOU

MINIM
1996
LOGOTYPE
THE POINT OF DEPARTURE WAS AN EXISTING
CHARACTER I FOUND IN AN OLD CATALOGUE,
AND I REDESIGNED IT:
IT'S ROUND, WITHOUT BEING LIMP

Euh, franco-nippon et pointu

minimix ®

N°6

ROSE
COMME
UNE
ROSE.
JAUNE
COMME
UNE
POMME.

Illustration: Geneviève Gauckler

MINIMIX COVERS
1996-1999
PHOTOGRAPHY: HIROMIX (NO. 0,5), TANIDA
(NO.1). ILLUSTRATION: GROOVISIONS (NO.4),
PHOTOGRAPH: KHALIL (NO.7)

COUVERTURES MINIMIX
1996-1999
PHOTOGRAPHIE : HIROMIX (N° 0,5), TANIDA
(N° 1), ILLUSTRATION : GROOVISIONS
(N° 4), PHOTOGRAPHIE : KHALIL (N° 7)

MINIMIX PATCHWORK
1996-1999
TITLES, SYMBOLS AND DRAWINGS
FOR SECTIONS OF EKO SATO'S
MAGAZINE

PATCHWORK MINIMIX
1996-1999
QUELQUES TITRES, SYMBOLES ET DESSINS
RÉALISÉS POUR LES RUBRIQUES
DU MAGAZINE D'EKO SATO

PAGES 18-25 :
COLLAGES POUR LE PROJET « PLACE »
ORGANISE PAR VASAVA
BARCELONE, 2004

PAGES 18-25:
COLLAGE FOR THE "PLACE" PROJECT
ORGANISED BY VASAVA
BARCELONA, 2004

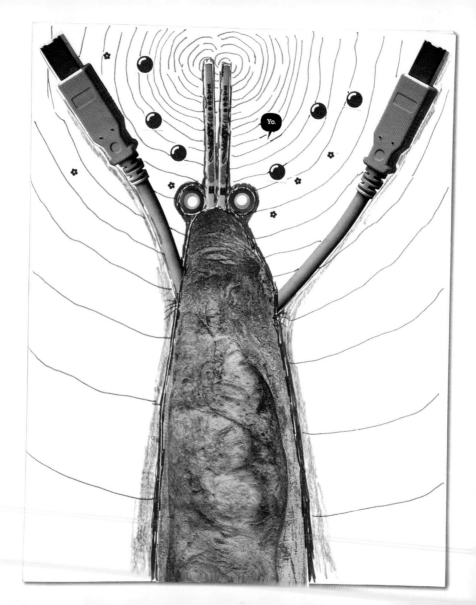

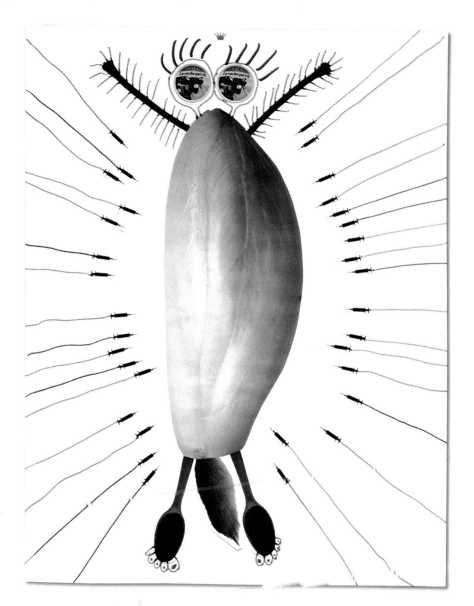

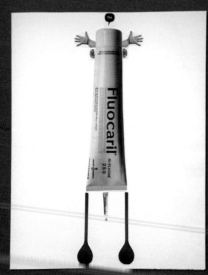

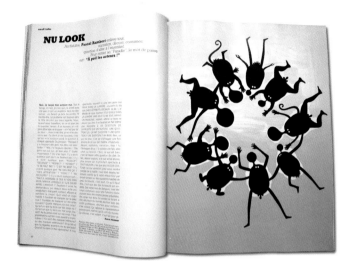

NU LOOK

Au théâtre, **Pascal Rambert** enlève tout,
quelque chose, pour entrer au "Paradis", le mot de passe
est : **"À poil les acteurs !"**

ANATOMIE D'ENFER

Et sur la semaine film que **Catherine Breillat** fait tourner
Rocco Siffredi,
l'effet libérateur que la star porno aurait sur son cinéma radical.

dune
the alliance ep

I FEEL LOVE
Devastation
1. I feel love (Classic mix 7" edit) 4'08
2. I feel love (Classic mix 12" edit) 8'32
3. Räve devastation 6'33

Eri's
"Inferno EP"

Scan
ep

Lady

StGermain
en Live
Mezzotint

ScanX
ep

matempsychose
osmose nen
alpha

SHAZZ

A Newer Manhattn...

chroma

ScanX

Soofle

St Germain

St Germain
Boulevard

SHAZZ

Laurent Garnier

elegia

snapshots

Soofle

1 deep in it 07'18
2 thank u mum
(4 everything you did) 12'35
3 street scene
(4 shazz) 15'45
4 easy to remember 09'46
Sentimental
mood 10'20
6 what's new? 07'50
7 dub experience II 03'47
8 forget it 08'05

St Germain Boulevard
F Communications

Laurent Garnier

Laurent Garnier

iberian
n new ep

Laurent Garnier
Shot in his own...

Orange
Quarter EP

La collection

Raz
3:7:18
Raz (Carl MMR's mix)
4:6:56
Pillow Lava (Lenny Dee Strychnine mix)

"Raz / Pillow Lava"

St Germain

Alabam Blues

"Raz / Pillow Lava"

Aurora Borealis
Included: mixes reconstructed by Carl Cox & Le...

D.S. Volume 2
A1 "Overall" House E
A2 Jack On The Gir...
B Juke 827

D.S. Volume 1
A1 Funtdo 4'32 A2 Lakota
B Additional Elements 10'2...

lady b. ...vice ...for mark...

dune the alliance
A1 Desert Storm 4'09 B1 Wall Dream 7'4'22

AURORA BOREA

walk
so
lonely
black
man

1 deep in it
3 thank
u mum (4 2 everything you did)
4

all tracks written, produced
and mixed by [...] labretts
at the magic house studio.

FREDERIC GALLIANO

SWIRL EP

LIVE MINDS

Laurent Garnier

Mellow moods for mellow minds.

Musiques pour les plantes vertes

VINYLES ET C...
F COMMUNICATIONS
TRAVAILLER SU... CE LABEL ÉTAIT
PASSIONNANT. LE FUT UNE BONNE ÉCOLE,
CELA APPREND ... A CONCISION ET
LA PRÉCISION.
1993-1998

VINYLS AND CD'S
F COMMUNICATION...
WORKING FOR THIS ... LABEL WAS
FASCINATING. IT WA... A VERY GOOD PLACE
T... LEARN CONCISIO... AND PRECISION.
1993-1998

respect
a french rhythm selection

for france.

TAHO

1 Antiguru 3'27
2 Love Plan 3'27
3 Amazing Wa... 1'53
4 420b 6'0...
5 Olympus Mon... 4'29

Deepside

Lu's

good for me
too good for me

Blanc EP

5 413356 954128

D.S.
Volume 1&2.

DS
"VOLUME 1 & 2"
1994
F COMMUNICATIONS

DS
« VOLUME 1 & 2 »
1994
F COMMUNICATIONS

NUAGES
"BLANC EP"
1994
F COMMUNICATIONS

NUAGES
« BLANC EP »
994
COMMUNICATIONS

DESIGN DU CD DE BLEIP,
SILENT RECORDS
2003

DESIGN FOR BLEIP'S CD,
SILENT RECORDS
2003

ScanX
ep

metempsychose
cosmic rain
alpha

ScanX
lost

watch out!! 4 tracks of music for your cd player, 1 cd rom track for your pc or mac!!

ScanX
earthquake

original version from the forthcoming chroma album.

all tracks written, produced & mixed by **stéphane dri** at art studio, paris, except lunatic mix remixed by lunatic asylum. published by basic groove. design geneviève gauckler. creation and realisation of the cd rom track by les éditions du myope. fax 33 1/ 42 63 76 96, executive production by mediazone.

p & © 1996 f communications 11 rue de clichy 75009 paris, 9+1 26, f-com@worldnet.net

1 cd rom track
attention!! technical details: ne pas lire la piste 1 sur un lecteur audio / do not read track 1 on an audio cd player. compatible mac & pc minimum 8mo ram,

2 earthquake original 4'53
3 earthquake dry mix 6'03
4 earthquake wet mix 5'48
5 earthquake lunatic mix 4'50

SCANX
« EARTHQUAKE »
1996
F COMMUNICATIONS
JE PASSE AUTANT
DE TEMPS À DESIGNER
LE VISUEL PRINCIPAL
QUE LE VERSO
DU DISQUE.
LA TYPOGRAPHIE EN EST
L'ÉLÉMENT ESSENTIEL

CANX
EARTHQUAKE'
96
F COMMUNICATIONS
I SPEND AS MUCH TIME
DESIGNING THE MAIN
VISUAL AS THE OTHER
SIDE OF THE CD.
THE 'TYPOGRAPHY
IS THE KEY ELEMENT

75°C: THE VERY NEW PARISIAN SOUND.

75°C
« THE VERY NEW PARISIAN
SOUND »
2000
B-COOL RECORDS
ILLUSTRATION :
FLORENCE DEYGAS

75°C
"THE VERY NEW PARISIAN
SOUND"
2000
B-COOL RECORDS
ILLUSTRATION
FLORENCE DEYGAS

BJORK
ALARM
CALL

(Bjork)

Face A:
Alan Braxe &
Ben Diamond
In The Mix

Face B:
Album Version

Maxi 45 tours

2944
Disque
promotionnel
interdit
à la vente

Unauthorized copying,
hiring, lending,
public performance
and broadcasting
prohibited.

Design
Geneviève Gauckler

Polygram
Music
Publishing Ltd

(P) 1997 Bjork
Overseas Ltd /
One Little Indian

(C) 1998 Barclay
Un label Polygram

un label PolyGram

ILLUSTRATION DU CD
« LES RITA MITSOUKO EN CONCERT
AVEC L'ORCHESTRE LAMOUREUX »
VIRGIN FRANCE, 2004

ILLUSTRATION FOR THE CD
"LES RITA MITSOUKO EN CONCERT
AVEC L'ORCHESTRE LAMOUREUX"
VIRGIN FRANCE, 2004

POSTER DU DOSSIER DE PRESSE
POUR LA SORTIE DE « KEKELAND »
DE BRIGITTE FONTAINE
2001
VIRGIN FRANCE

POSTER OF THE PRESS KIT DESIGNED FOR
THE RELEASE OF BRIGITTE FONTAINE'S
"KEKELAND" ALBUM
2001
VIRGIN FRANCE

DEMIE CLOCHARDE

KEKELAND

SONIC YOUTH

GOD'S NIGHTMARE

GINGER ALE

NRV

ARCHIE SHEPP

Y A DES ZAZOUS

M

RIFIFI

PIPEAU

BRIGITTE FONTAINE

BABY BOUM BOUM

NOIR DESIR

QUEEN OF KEKELAND

LES FILLES D'AUJOURD'HUI

LES VALENTINS

KEKELAND

ARESKI

GUADALQUIVIR

JE FUME

JE T'AIME ENCORE

PLACIDO

POCHETTE ET INTÉRIEUR DU CD-SINGLE
« Y'A DES ZAZOUS »
DE BRIGITTE FONTAINE
2001
VIRGIN FRANCE
J'AIME BIEN L'IDÉE DE TAPISSERIE,
D'ART DÉCORATIF, TOUT SIMPLEMENT.

COVER AND INSIDE COVER
OF BRIGITTE FONTAINE'S CD SINGLE
"Y'A DES ZAZOUS"
2001
VIRGIN FRANCE
I QUITE SIMPLY LIKE THE IDEA
OF TAPESTRY AND DECORATIVE ART.

ILLUSTRATION INTÉGRALE
(FRANCE TÉLÉCOM)
2002
TEXTUEL

FULL ILLUSTRATION
(FRANCE TELECOM)
2002
TEXTUEL

POSTER POUR LA FIFA 2002 WORLD CUP
2002
FIFA/CONTRABAND (ROYAUME-UNI)
UNE VISION DU FOOTBALL SOUS ACIDE

POSTER FOR THE FIFA 2002 WORLD CUP
2002
FIFA/CONTRABAND (UK)
A VISION OF FOOTBALL ON ACID

DÉCOR POUR LE CLIP
« Y'A DES ZAZOUS »
DE BRIGITTE FONTAINE
2001
VIRGIN FRANCE
RÉALISATEURS : GENEVIÈVE GAUCKER
ET ESTELLE SAINT-BRIS
PRODUCTEUR : MILK/PREMIÈRE HEURE
LE BUT ÉTAIT DE CRÉER UNE VILLE
IMAGINAIRE, UN UNIVERS GRAPHIQUE
COHÉRENT

DÉCOR FOR BRIGITTE FONTAINE'S
"Y'A DES ZAZOUS" CLIP
2001
VIRGIN FRANCE
DESIGNERS: GENEVIÈVE GAUCKLER
AND ESTELLE SAINT-BRIS
PRODUCER: MILK/PREMIÈRE HEURE
THE AIM WAS TO CREATE
AN IMAGINARY TOWN
AND A COHERENT GRAPHIC WORLD

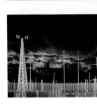

DÉCOR POUR LE CLIP DES SPARKS
« N°1 SONG IN HEAVEN »
1997
RÉALISATEURS : KUNTZEL + DEYGAS
PRODUCTEUR : BANDITS
PHOTOGRAPHE : KHALIL

DÉCOR FOR THE SPARKS' CLIP
"NO 1 SONG IN HEAVEN"
199 –
DESIGNERS: KUNTZEL + DEYGAS
PRODUCER: BANDITS
PHOTOGRAPHER: KHALIL

CLIP DE « SACRÉ FRANÇAIS »
DE DIMITRI FROM PARIS
1997
RÉALISATEURS : KUNTZEL + DEYGAS
ILLUSTRATIONS : KUNTZEL + DEYGAS
PRODUCTEUR : BANDITS

CLIP FROM "SACRÉ FRANÇAIS"
BY DIMITRI FROM PARIS
1997
DESIGNERS: KUNTZEL + DEYGAS
ILLUSTRATIONS: KUNTZEL + DEYGAS
PRODUCER: BANDITS

DÉCOR POUR LA CAMPAGNE
FILM ET AFFICHAGE
DE LIVE JAZZ
D'YVES SAINT LAURENT
1988
RÉALISATEURS :
KUNTZEL + DEYGAS
RECONSTITUTION D'UNE VILLE
À PARTIR DE PHOTOGRAPHIES,
DE MAQUETTES D'IMMEUBLES,
DE LOGOS DE MAGASINS
RAPPELANT LE NOM DU PARFUM

FILM AND POSTER CAMPAIGN
SETTING FOR YVES SAINT LAURENT'S
LIVE JAZZ
1988
DESIGNERS: KUNTZEL + DEYGAS
RECONSTITUTION OF A TOWN
FROM PHOTOS, MODEL
BUILDINGS, SHOP LOGOS
REMINISCENT OF THE NAME
OF A FRAGRANCE

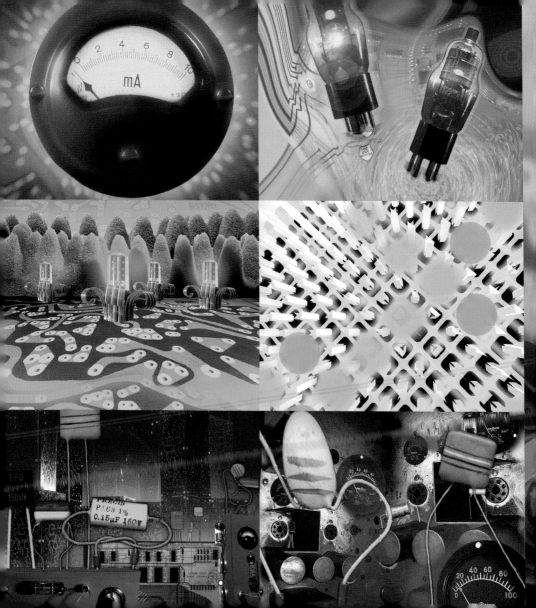

DÉCOR POUR LE CLIP « PSYCHÉ ROCK »
DE PIERRE HENRY
1996
RÉALISATEURS : KUNTZEL + DEYGAS
PRODUCTEUR : BANDITS

DÉCOR FOR PIERRE HENRY'S CLIP
"PSYCHÉ ROCK"
1996
DESIGNERS: KUNTZEL + DEYGAS
PRODUCER: BANDITS

DÉCOR POUR LE COURT
MÉTRAGE « TIGI »
POUR HANSOL, CORÉE
1998
REALISATEURS :
KUNTZEL + DEYGAS
ILLUSTRATIONS :
KUNTZEL + DEYGAS
PRODUCTEUR : ESPÉ
SUGGÉRER L'UTILISATION
DU PAPIER POUR RACONTER
UNE HISTOIRE

DECOR FOR THE SHORT FILM
"TIGI" FOR HANSOL, KOREA
1998
DESIGNERS:
KUNTZEL + DEYGAS
ILLUSTRATIONS:
KUNTZEL + DEYGAS
PRODUCER: ESPÉ
SUGGESTING THE USE
OF PAPER TO TELL A STORY

I'M THE EMPEROR.

THE EMPEROR OF WHAT?

Welcoming abundance.

Appreciating beauty.

THE EMPEROR OF VOID.

Embracing the natural.

CENTER

OF VOID.

Responding to Nature.

LEFT VOID

RIGHT VOID

EMPEROR OF VOID, EMPEROR
OF DISCO, EMPRESS OF MIND
IMPRESSION NUMÉRIQUE SUR BOIS
2003

EMPEROR OF VOID, EMPEROR OF DISCO,
EMPRESS OF MIND
DIGITAL PRINTS ON WOOD
2003

designerguß&sap / 013 / GENEVIÈVE GAUCKLER

MANDALA DOOR
IMPRESSION NUMÉRIQUE SUR BOIS
RÉALISÉE POUR LA GALERIE
MOUVEMENTS MODERNES
2004

MANDALA DOOR
DIGITAL PRINT ON WOOD FOR THE
MOUVEMENTS MODERNES GALLERY
2004

JAPANESE BIRD
RECHERCHE PERSONNELLE
2004

JAPANESE BIRD
PERSONAL PROJECT
2004

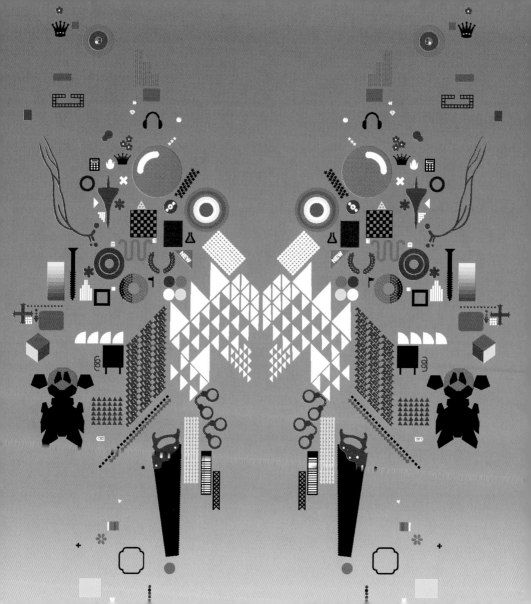

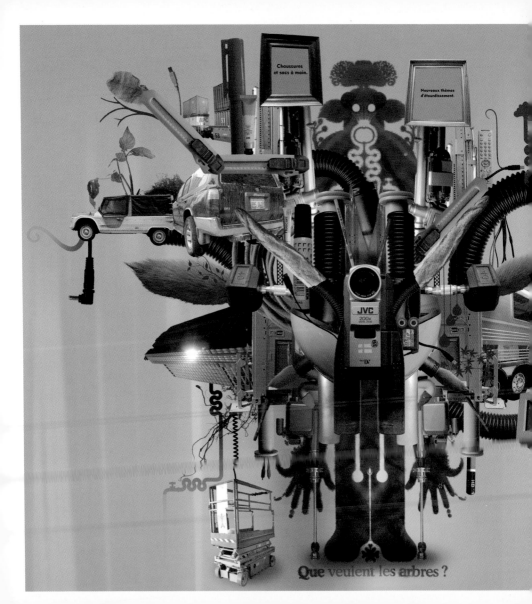

Chaussures
et sacs à main.

Nouveaux thèmes
d'étourdissement.

Que veulent les arbres ?

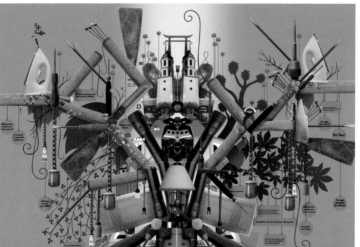

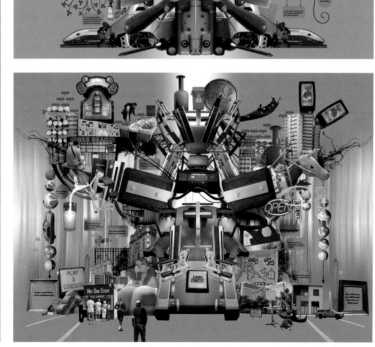

PAGE SUIVANTE :
« TOTEM », IMAGE GÉANTE (300 x 600 CM)
RÉALISÉE DANS LE CADRE DE
L'EXPOSITION MULTIMAGES DE LA FERME
DU BUISSON
FÉVRIER 2004

NEXT PAGE:
TOTEM, GIANT IMAGE (300 x 600 CM)
DONE FOR THE MULTIMAGES EXHIBITION
AT THE FERME DU BUISSON
FEBRUARY 2004

TROIS DES CINQ PANNEAUX 4 x 3 M
RÉALISÉS POUR LA BIENNALE D'ART
CONTEMPORAIN EN SEINE-SAINT-DENIS
« ART GRANDEUR NATURE »
DANS LE PARC DE LA COURNEUVE
2004

THREE OF THE FIVE 4 x 3 M PANELS
DONE FOR 'ART GRANDEUR NATURE',
THE CONTEMPORARY ART BIENNIAL
HELD IN THE PARC DE LA COURNEUVE,
SEINE-SAINT-DENIS
2004

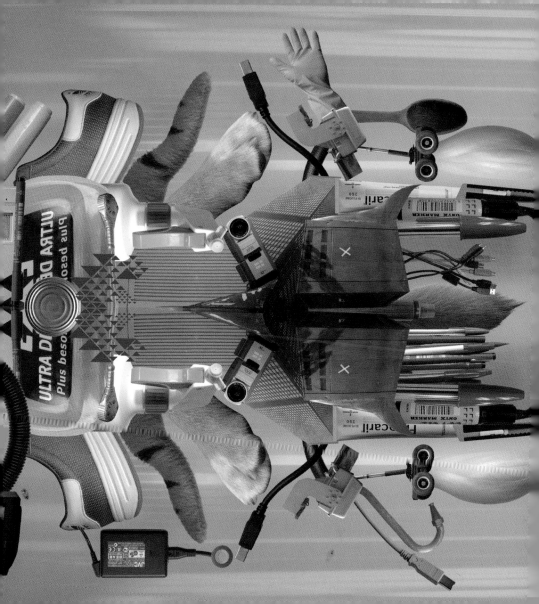

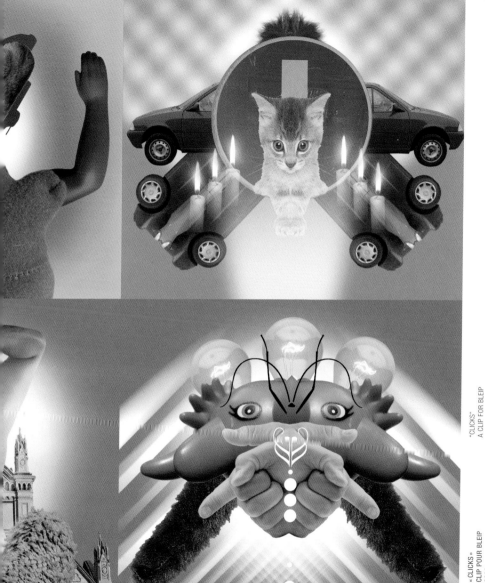

« CLICKS »
CLIP POUR BLEIP
2003
PLEIX
AVEC JEAN-PHILIPPE DESLANDES

"CLICKS"
A CLIP FOR BLEIP
2003
PLEIX
WITH JEAN-PHILIPPE DESLANDES

HAPPY NEW YEAR CARD
2003
RECHERCHE PERSONNELLE

HAPPY NEW YEAR CARD
2003
PERSONAL RESEARCH

PAGE SUIVANTE :
« CLICKS »
CLIP POUR BLEIP
2003
PLEIX
AVEC JEAN-PHILIPPE DESLANDES

NEXT PAGE:
"CLICKS"
A CLIP FOR BLEIP
2003
PLEIX
WITH JEAN-PHILIPPE DESLANDES

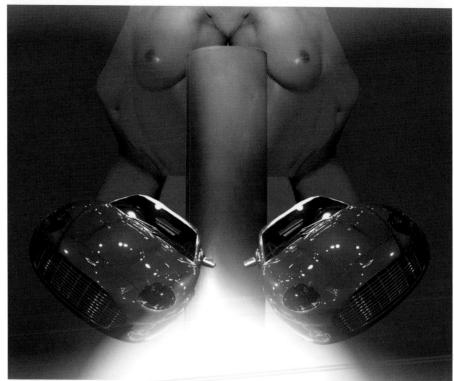

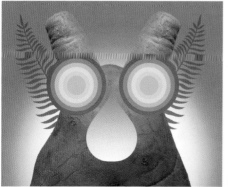

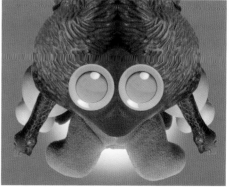

Au premier janvier 2000, TOUT SERA POSSIBLE!!! Le Japon du troisième millénaire sera celui de toutes les innovations. Les japonais seront encore plus différents de nous. Ils seront en avance et vivront dans un monde digne de la science fiction. *Par notre envoyé spécial Loïk Prigent.*

Les japonais de l'an 2000 vont inventer des choses incroyables. Sur des postes de télévision équipés d'un micro, vous verrez défiler les paroles de chansons célèbres.

Grâce au micro, vous pourrez chanter à la place du chanteur et tout le monde vous écoutera. Ce sera drôle et révolutionnaire!

Grâce à la formule du docteur Xonxon (photo), les femmes japonaises pourront rester ETERNELLEMENT JEUNES, et ce dès l'âge de 22 ans. Dès août 2000, il commercialisera même la pilule pour ne plus uriner grâce à un procédé révolutionnaire, dont le nom est déjà déposé à l'INPI, (mais reste secret). *FDA (Fin de l'article).*

Trois personnalités différentes en une journée pour soixante francs!

Changer de visage, de personnalité, de gestuelle et de costume plusieurs fois dans la journée, ce sera possible et même courant dans le Japon de l'an 2000. Mais les japonais sont-ils devenus fous, eux qui ont investi plusieurs milliards d'argent dans la recherche de ce procédé incroyable? Standardisé et installé dans une cabine photomatonique spéciale et pour la somme de vingt francs, vous pourrez changer votre apparence et votre psychisme. L'an 2000, c'est fou!

Le Japon de l'an 2000 plus vite et l'environnement sera bruyant. Il sera donc difficile de se concentrer et de réfléchir. Pour que les japonais soient toujours créatifs, ils inventeront des machines infra-sensorielles pour se ressourcer. Deux minutes dans un *Ressourcor2000* et vous aurez à nouveau des idées pour être un battant.

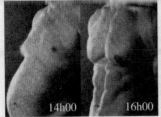

Les chercheurs japonais ont constaté que les gens GROS qui complexaient au XXème siècle avaient de grosses chances de continuer à complexer même après l'an 2000. Forts de cette étude, ils ont décidé de mettre au point d'ici l'an 2000 un procédé qui rendra les plus obèses fins et musclés. Une pilule absorbée à 14h00 aura fait son effet à 16h00. Vivement l'an 2000! *FDA (Fin de l'article).*

Votre enfant est turbulent?

Votre enfant est triste?

Il crie, piaille, hurle, court dans tous les sens et vous empêche de faire le ménage? Si même la télévision ne le calme plus, si même vos punitions ne le remettent plus sur le droit chemin: Idéal, sûr et sans souci, voici Prozac*kid**, le remède à votre surmenage. Votre enfant l'appréciera et vous pourrez faire évoluer sa posologie au fur et à mesure de son accoutumance au produit.

Prozac kid®

L'ami des enfants.

*Sans sucre. Approuvé par des médecins et des pédiatres. ProzacKid est un antolytique puissant décliné à partir de la version adulte déjà sur le marché mais avec des doses plus puissants et mieux dosées spécialement adaptée pour des enfants difficiles. Attention! Ne convient pas à des personnes agées, ni même à des animaux domestiques ou des poules en mauvaise phase de ponte. Bien lire la notice.

IdéalVpc 24

IdéalVpc

Vente par correspondance. Automne/Hiver 1994-95.

Tout ce que vous cherchez est dans IdéalVpc.

Avec dans notre nouveau catalogue: Des livres, des pommes de terre, des garde-robes pour vigiles, des programmes électoraux, des passages cloutés, Madonna, des rames de métro, des corps de rêve et encore plein d'autres produits qui changeront votre vie.

Des produits de qualité.

Une épouse heureuse.

Un mari flatté.

Attractif! Compétitif! Malsain!

IdéalVpc

Vente par correspondance, Hiver / Fêtes 1994-95.

N°2

Un Noël® réussi avec IdéalVpc.

Avec dans notre nouveau catalogue: Des cartes de vœux, des Fanny Ardant, des cadeaux, des cadeaux, des médicaments, des autos, de la nourriture, des égonomètres et encore plein d'autres produits qui vous rendrons heureux.

Une maman ravie.

Un nez refait.

Un bébé comblé.

Parfait! Avantageux! Politique!

Prozac kid.

L'Ami des Enfants.

P r o z a c

IdéalVpc 25

UNE PAGE DE MR CIBAIRE,
SUPPLÉMENT D'*INTERACTIF* N° 3
1995
IL S'AGIT DU NUMÉRO SPÉCIAL AN 2000
TEXTES DE LOÏC PRIGENT

A PAGE FROM MR CIBAIRE, A SUPPLEMENT
TO *INTERACTIF* NO.3
1995
A SPECIAL ISSUE FOR THE YEAR 2000
TEXTS BY LOÏC PRIGENT

IDÉAL VPC : COUVERTURES DES DEUX
NUMÉROS ET DOUBLE-PAGE PROZAC KID
1994-1995
LOÏC PRIGENT ET MOI AVONS TOUJOURS
ÉTÉ FASCINÉS PAR LES FANZINES
IL AVAIT CRÉÉ *TÊTU*, QUI PARLAIT
DE LA CULTURE HOUSE MUSIC

IDÉAL VPC: COVERS OF TWO ISSUES
AND A DOUBLE-PAGE ON THE PROZAC KID.
1994-1995.
LOÏC PRIGENT AND I HAVE ALWAYS BEEN
FASCINATED BY FAN MAGS
HE FOUNDED *TÊTU*, A MAGAZINE THAT
REPORTS ON HOUSE MUSIC

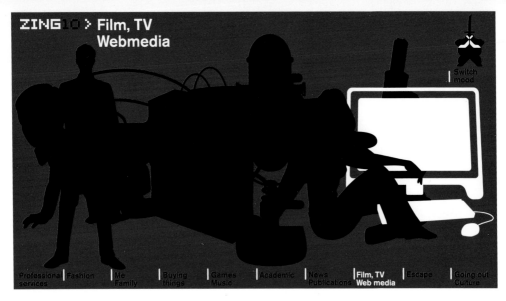

ZING10 > Film, TV
Webmedia

Switch
mood

Professional | Fashion | Me | Buying | Games | Academic | News | Film, TV | Escape | Going out
services | | Family | things | Music | | Publications | Web media | | Culture

Choose your mood >

LOGOTYPE ZING 10
2000
ME COMPANY
LES DEUX PERSONNAGES,
LE NINJA ET LE MOINE,
REPRÉSENTENT UN ÉTAT D'ESPRIT.
EN CLIQUANT SUR L'UN D'EUX,
CERTAINS ASPECTS DE L'INTERFACE DU SITE
(COULEURS, NAVIGATION) SONT MODIFIÉS.

LOGOTYPE ZING 10
2000
ME COMPANY
THE TWO CHARACTERS,
THE NINJA AND THE MONK.
REPRESENT A STATE OF MIND.
CLICKING ON ONE OF THEM WILL MODIFY
CERTAIN ASPECTS OF THE SITE INTERFACE
(COLOURS, NAVIGATION, ETC.).

BOO ANIMALS
2000
BOO.COM

BOO ANIMALS
2000
BOO.COM

Aj!

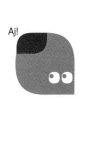

WHICH IS WHAT MAKES WEB DESIGN BOTH SO DIFFICULT AND SO INTERESTING. DESIGN DIRECTOR: DAVID WARNER ART DIRECTOR: NICOLAS SELLEBRATEN

VERSION 2 OF THE BOO.COM WEBSITE
2000
BOO.COM
WORK FOR THE NAVIGATION AND DESIGN OF THE INTERFACE. THE TWO ARE INTERDEPENDENT.

C'EST TOUTE LA DIFFICULTÉ – ET L'INTÉRÊT – DU WEBDESIGN. DIRECTEUR DE LA CRÉATION : DAVID WARNER DIRECTEUR ARTISTIQUE : NICOLAS SELLEBRATEN

VERSION 2 DU SITE BOO.COM
2000
BOO.COM
TRAVAIL SUR LA NAVIGATION ET LE DESIGN DE L'INTERFACE. LES DEUX SONT ÉTROITEMENT MÊLÉS,

boo | Clothing | Footwear | Accessories | View Brands ⬍ | Stylefinder | Keywords | Go
✛ Change country   MENS ▸ WOMENS ALL   ◂ HELP

New Brands

Click to win a trek mountain bike in our weekly prize drawing. Go
Subject to rules

Get a grip on Paris trends

Fall. Time to change gear.

▸ **boo recommends**
Acupuncture Trainers

Shop by **Boutiques**

Fashion Chic

Activewear for active woman

Style in motion

boo / top / 10
1. Helly Hansen Women's Midweight Capilene® Bottoms UK£50
2. Helly Hansen Prostretch Tight UK £26
3. Patagonia Women's Stretch Capilene® Tights UK£30

▸ **Nº1 at boo!**
Acupuncture Trainers

Register for Cluboo | Ordertracking | Sign In: [ ] Go   boobag: 5 items

---

boo | clothes | footwear | accessories | View brands ⬍ Boutiques ⬍ | stylefinder | Keywords | Go
✛ Change country   MENS ▸ WOMENS ALL   ⊹help

New Brands

NEW

sweet!

Yo!

Too chic for you
▸ **Acupuncture** Trainers

Doublecheck that
▸ **Spoon** Watch

1. Helly Hansen Women's Midweight Capilene® Bottoms UK£50

2. Helly Hansen Prostretch Tight UK £26

3. Patagonia Women's Stretch Capilene® Tights UK£30

Register for Cluboo | Ordertracking | Sign In: [ ] Go   boobag: 5 items

We unite like-minded people from over the world around shared interest and values.

a GLOBAL Community

UNE PAGE DE LA « BOO BIBLE »
2000
LA BIBLE DE BOO.COM DEVAIT EXPLIQUER
LA DÉMARCHE DE LA SOCIÉTÉ
ET SA PHILOSOPHIE
J'UTILISE LES ÉLÉMENTS DE LA MARQUE
(TYPOGRAPHIE ET FORME DU LOGOTYPE)
ET JE LES DÉCOMPOSE POUR
LES DYNAMISER

A PAGE OF THE "BOO BIBLE"
2000
THE BOO.COM BIBLE WAS DESIGNED
TO EXPLAIN THE COMPANY'S APPROACH
AND PHILOSOPHY
I USE ELEMENTS OF THE BRAND
(TYPOGRAPHY AND SHAPE
OF THE LOGOTYPE) AND
I DECOMPOSE THEM
TO MAKE THEM DYNAMIC

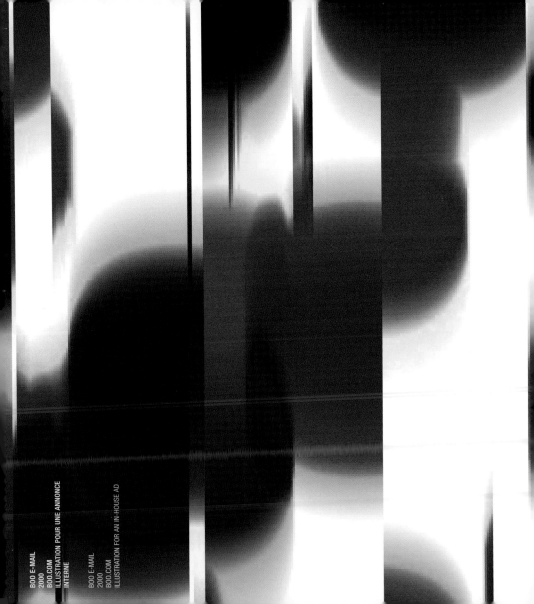

BOO E-MAIL
2000
BOO.COM
ILLUSTRATION POUR UNE ANNONCE
INTERNE

BOO E-MAIL
2000
BOO.COM
ILLUSTRATION FOR AN IN-HOUSE AD

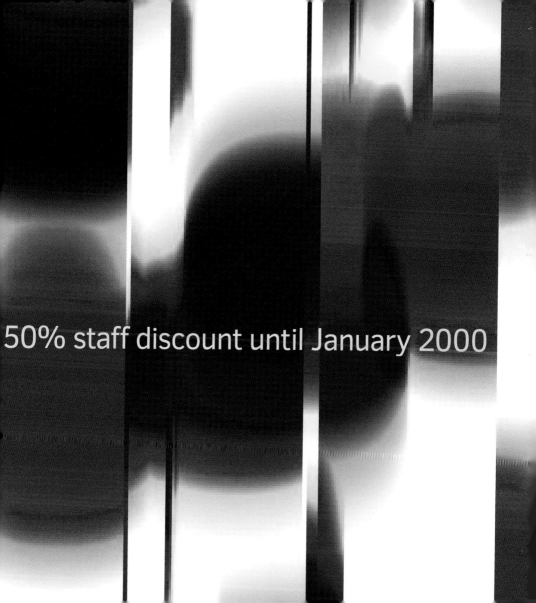

50% staff discount until January 2000

designergußisap / 013 / GENEVIÈVE ⬛ CKLER

PUBLICITÉ PRESSE
2000
BOO.COM
L'IDENTITÉ GRAPHIQUE DE LA MARQUE
ÉTANT TRÈS FORTE, IL ÉTAIT FACILE
DE LA DÉCLINER DE TOUTES
LES MANIÈRES, SUR TOUS LES SUPPORTS

PRESS ADVERT
2000
BOO.COM
AS THE GRAPHICAL IDENTITY OF THE BRAND
WAS VERY STRONG, IT WAS EASY
TO ADAPT IT IN MANY DIFFERENT WAYS
ON ALL TYPES OF MEDIA

Final Home

Maharishi

Daryl K 189

Jil Sander   DKNY

Mandarina
Duck   Moschino   New Balance

Spoon

Timberland

Paul Smith
Jeans

boo.com

Sports and streetwear on the net

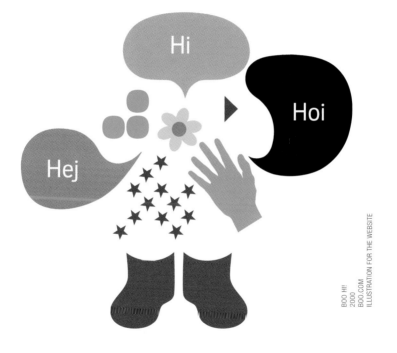

BOO HI !
2000
BOO.COM
ILLUSTRATION POUR LE SITE

BOO HI !
2000
BOO.COM
ILLUSTRATION FOR THE WEBSITE

designer guð sap / 013 / GENEVIÈVE AUCKLER

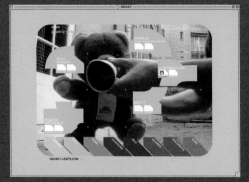

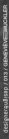
SITE INTERNET GRUMLY
WWW.GRUMLY-LESITE.COM
2002
JEMINI/ENJOY/MILK
L'OBJECTIF ÉTAIT DE CRÉER UN SITE
À L'IMAGE DES CAMPAGNES DE PUBLICITÉ
DE CHRISTOPHE CAUBEL, C'EST-À-DIRE
DÉCALÉES ET DRÔLES. LA NAVIGATION
EST TRÈS SIMPLE, LES COULEURS
RAPPELLENT LE MONDE DE L'ENFANCE

GRUMLY WEBSITE
WWW.GRUMLY-LESITE.COM
2002
JEMINI/ENJOY/MILK
THE IDEA WAS TO DESIGN
A WEBSITE ALONG THE SAME LINES
AS CHRISTOPHE CAUBEL'S AD CAMPAIGNS,
I.E. OFFBEAT AND AMUSING. NAVIGATION
IS VERY SIMPLE AND THE COLOURS
ARE REMINISCENT OF CHILDHOOD

UN GRUMLY DANS LE PC
grumly mégaoctet

le fond
d'écran

TELECHARGER
VOIR   800x600

l'économiseur
d'ecran

VOIR   TELECHARGER
(VERSION PC)

les sons
123456

TELECHARGER
PC   MAC

WEBCAM   RAND   FILM   CONCOURS   JEUX   GOODIE   DOCUMENTS   CLUB

GRUMLY-LESITE.COM ▶

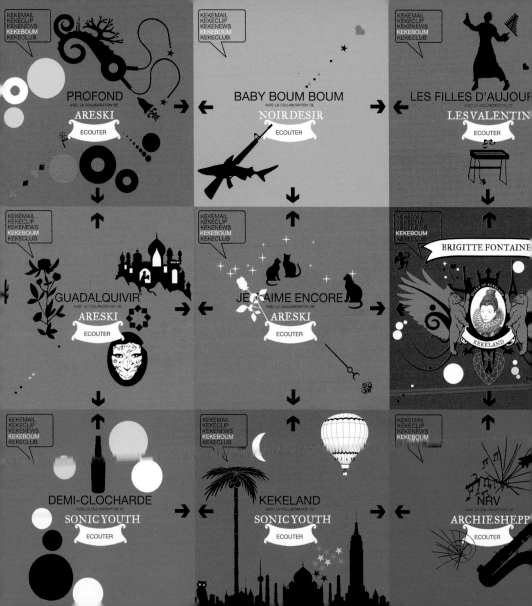

THE IDEA WAS TO DESIGN A WEBSITE, MAKE A VIDEO CLIP AND A COVER ALL AT THE SAME TIME. THIS SYNERGY PRODUCES A STRONG IMAGE FOR THE ARTIST.

WEBSITE FOR BRIGITTE FONTAINE
WWW.KEKELAND.NET
2001
VIRGIN FRANCE
PRODUCER: MILK/PREMIÈRE HEURE

LE PRINCIPE ÉTAIT DE CRÉER UN SITE DE RÉALISER UN CLIP ET LA POCHETTE EN MÊME TEMPS. CETTE SYNERGIE PERMET DE METTRE EN PLACE UNE IMAGE FORTE POUR L'ARTISTE.

SITE INTERNET POUR BRIGITTE FONTAINE
WWW.KEKELAND.NET
2001
VIRGIN FRANCE
PRODUCTEUR : MILK/PREMIÈRE HEURE

ILLUSTRATION POUR LE MAGAZINE
MASS APPEAL, ÉTATS-UNIS, 2004

ILLUSTRATION FOR *MASS APPEAL*
MAGAZINE, USA, 2004

POTATOE GUYS
2002
RECHERCHE PERSONNELLE
CREER DES PERSONNAGES, LES DOTER
DE PERSONNALITÉS, C'EST ABSOLUMENT
MAGIQUE. EN PLUS, C'EST TRÈS SIMPLE :
UNE FORME VAGUEMENT HUMANOÏDE,
OU PATATOÏDE, DEUX YEUX, DES OREILLES,
BRAS ET JAMBES ET C'EST TOUT !

POTATOE GUYS
2002
PERSONAL RESEARCH. CREATING
CHARACTERS AND GIVING THEM
PERSONALITIES IS ABSOLUTELY MAGICAL.
IT'S ALSO VERY EASY: A VAGUELY HUMAN
OR POTATO-SHAPE FORM, WITH TWO EYES,
EARS, ARMS AND LEGS, AND THAT'S IT!

CAMO GUYS
2002
RECHERCHE PERSONNELLE

CAMO GUYS
2002
PERSONAL RESEARCH

geneviève gauckler
l'arbre génialogique

editions de
l'AN 2

COUVERTURE DE *L'ARBRE GÉNIALOGIQUE*
2003
ÉDITIONS DE L'AN 2

COVER OF *L'ARBRE GÉNIALOGIQUE*
2003
EDITIONS DE L'AN 2

PAGES DE *L'ARBRE GÉNIALOGIQUE*
2003
ÉDITIONS DE L'AN 2
FAIRE CE LIVRE FUT UN VRAI BONHEUR :
CRÉER DES PERSONNAGES ET LEUR INVENTER
UNE VIE ÉTAIT NOUVEAU ET PASSIONNANT

PAGES OF *L'ARBRE GÉNIALOGIQUE*
2003
EDITIONS DE L'AN 2
DOING THIS BOOK WAS SHEER JOY: CREATIN
CHARACTERS AND GIVING THEM A LIFE WAS NEW
AND FASCINATING EXPERIENCE FOR ME

LES PERSONNAGES
DE *L'ARBRE GÉNIALOGIQUE*
2003
ÉDITIONS DE L'AN 2

THE CHARACTERS FROM
L'ARBRE GÉNIALOGIQUE
2003
ÉDITIONS DE L'AN 2

CORP INC. MAGAZINE, ROYAUME-UNI
1996
ASSOCIATION ABSURDE D'ANIMAUX
EN PORCELAINE DANS UN CONTEXTE
BANAL. J'AIME BIEN CETTE IDÉE
DE PIRATAGE DISCRET DU QUOTIDIEN

CORP INC. MAGAZINE, UK
1996
ABSURD ASSOCIATION OF ANIMALS
IN PORCELAIN IN AN EVERYDAY CONTEXT.
I LIKE THIS IDEA OF DISCREETLY HIJACKING
THE EVERYDAY

"THE PEACE" SERIES POSTERS
2002
PERSONAL RESEARCH
I LIKE TO PLAY WITH CONTRASTS,
WITH THESE ABSURD SITUATIONS,
I HAVE JUXTAPOSED ELEMENTS
FROM CHILDHOOD (A MEDITATING BEAR,
TOY ANIMALS) AND A COLD, IMPERSONAL
WORLD (OFFICE DÉCOR)

POSTERS « PEACE »
2002
RECHERCHE PERSONNELLE
J'AIME JOUER SUR LES CONTRASTES,
LES SITUATIONS ABSURDES
ICI, SE CÔTOIENT DES ÉLÉMENTS
ENFANTINS (L'OURS QUI MÉDITE,
LES ANIMAUX) ET UN UNIVERS FROID
ET IMPERSONNEL (DÉCOR DE BUREAU)

POSTER POUR L'EXPOSITION
« YO ! WHAT HAPPENED TO PEACE ? »
2003
CWC TOKYO, JAPON

POSTER FOR THE "YO! WHAT HAPPENED
TO PEACE?" EXHIBITION
2003
CWC TOKYO, JAPAN

LOGO PLEIX
2002
PLEIX

PLEIX LOGO
2002
PLEIX

« NO »
CLIP POUR BLEIP
2001
PLEIX
JE SUIS MEMBRE DE PLEIX
(WWW.PLEIX.NET), UN COLLECTIF
D'ARTISTES MULTIMÉDIA
NOUS TRAVAILLONS SUR DES CLIPS
ET DES PROJETS EXPÉRIMENTAUX

"NO"
A CLIP FOR BLEIP
2001
PLEIX
I'M A MEMBER OF PLEIX (WWW.PLEIX.NET)
A GROUP OF MULTIMEDIA ARTISTS
WE WORK ON CLIPS AND EXPERIMENTAL
PROJECTS

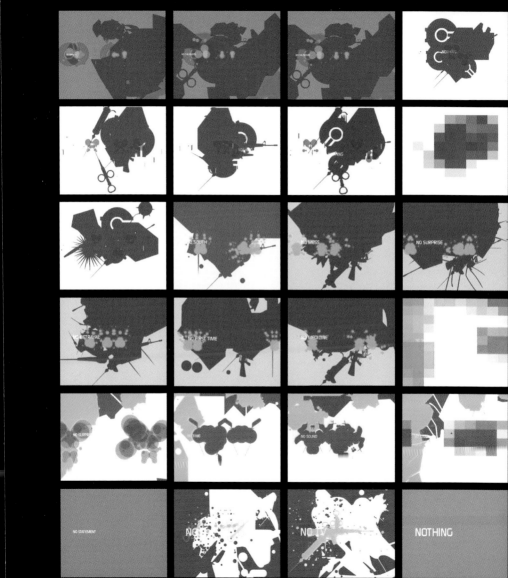

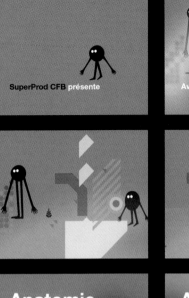

SuperProd CFB présente

Avec la participation de Canal+

Avec la participation de Canal+

Anatomie
d'un magasin

Anatomie
d'un magasin

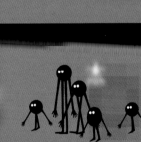

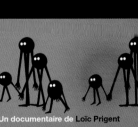

Un documentaire de Loïc Prigent

GÉNÉRIQUE POUR LE DOCUMENTAIRE
« ANATOMIE D'UN MAGASIN »
2003
SUPERPROD, FRANCE

CREDITS FOR THE DOCUMENTARY ENTITLED
"ANATOMY OF A STORE"
2003
SUPERPROD, FRANCE

LOGOTYPE POUR L'ÉMISSION TV
« THE GERMAN SHOW »
2002
CHASED BY COW-BOYS/ZDF, ALLEMAGNE

LOGOTYPE FOR THE TV SHOW ENTITLED
"THE GERMAN SHOW"
2002
CHASED BY COWBOYS/ZDF, GERMANY

LOGOTYPES
POUR LE SITE INTERNET CITROËN C5
2000
CELL NETWORK, FRANCE

LOGOTYPES
FOR THE CITROËN C5 WEBSITE
2000
CELL NETWORK, FRANCE

LOGOTYPES
POUR TOYOTA
2000
ME COMPANY, ROYAUME-UNI

LOGOTYPES
FOR TOYOTA
2000
ME COMPANY, UK

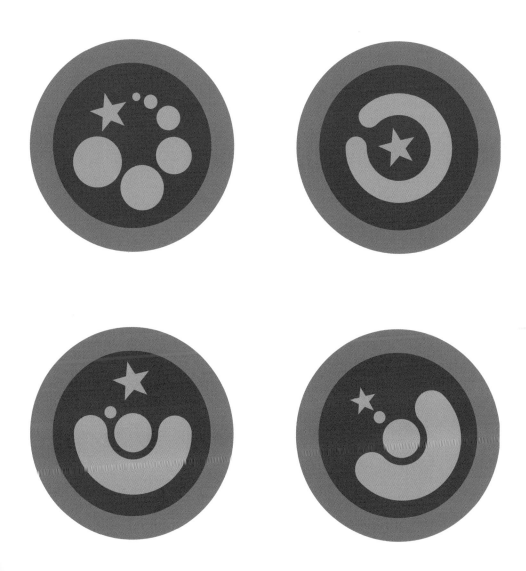

STONED

MODEST

PISSED OFF

RESPECTABLE

WISE

CAUTIOUS

WEIRD

LUCKY

STUBBORN

MASOCHISTIC

SCARED

ARROGANT

THE UNITED STATES OF MIND

SELF-CONFIDENT

THE UNITED STATES OF MIND

NOBLE

THE UNITED STATES OF MIND

BRILLIANT

THE UNITED STATES OF MIND

TRICKY

THE UNITED STATES OF MIND

PLAYFUL

THE UNITED STATES OF MIND

FRIENDLY

THE UNITED STATES OF MIND

GRUMPY

THE UNITED STATES OF MIND

ILLUMINATED

THE UNITED STATES OF MIND

HUNGRY

THE UNITED STATES OF MIND

SECRET

THE UNITED STATES OF MIND

GENEROUS

THE UNITED STATES OF MIND

IN LOVE

"UNITED STATES OF MIND" CHARACTERS
2001
PERSONAL RESEARCH
THE EXERCISE CONSISTED ON SEEING
HOW I COULD SUGGEST A STATE OF MIND
WITH A GRAPHIC CHARACTER

PERSONNAGES «UNITED STATES OF MIND»
2001
RECHERCHE PERSONNELLE
EXERCICE DE STYLE : COMMENT
SUGGÉRER UN ETAT D'ESPRIT
AVEC UN PERSONNAGE GRAPHIQUE ?

ILLUSTRATION ET DIRECTION
ARTISTIQUE DU MAGAZINE *COLETTE*
Nº 5, ÉTÉ 2004

ILLUSTRATION AND ART DIRECTION
FOR *COLETTE* MAGAZINE, ISSUE 5,
SUMMER 2004

EXPOSITION COLETTE
ÉTÉ 2004

COLETTE EXHIBITION
SUMMER 2004

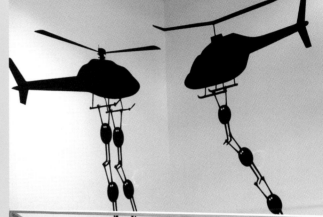

Il émanait de L'Autoportrait à la Croix une telle force que certains visiteurs s'évanouissaient en la contemplant.

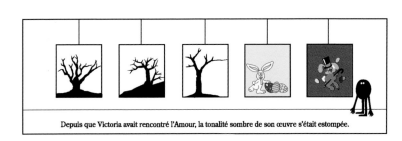

Depuis que Victoria avait rencontré l'Amour, la tonalité sombre de son œuvre s'était estompée.

L'expression plastique de Charles était partagée entre une une violence contenue et sa passion pour les arts ménagers.

Jeremy, le jeune génie de la nouvelle scène britannique, consommait de nombreux produits – éclairs au chocolat, fraises Tagada… – pour se donner du courage et de l'inspiration.

designgauglisap / 013 / GENEV=== GAUCKLER

ILLUSTRATIONS POUR LE SUPPLÉMENT
EXPOSITIONS DE L'ÉTÉ DE *BEAUX-ARTS*
MAGAZINE
2004

ILLUSTRATIONS FOR THE SUMMER
EXHIBITION SUPPLEMENT OF *BEAUX-ARTS*
MAGAZINE
2004

L'œuvre d'Helmut, multiforme, était l'occasion de réfléchir sur le statut de l'art: passe-temps ou raison de vivre?

Ricardo avait résolu de graves troubles psychatriques en réalisant
ces somptueux auto-portraits acclamés par la critique internationale.

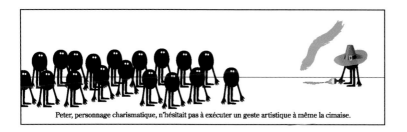

Peter, personnage charismatique, n'hésitait pas à exécuter un geste artistique à même la cimaise.

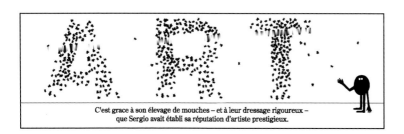

C'est grace à son élevage de mouches – et à leur dressage rigoureux –
que Sergio avait établi sa réputation d'artiste prestigieux.

designergausizap / 013 / GENEVI .JE GAUCKLER

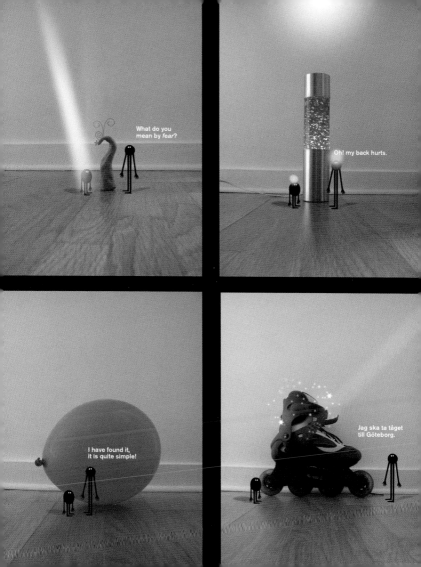

visiting a new city and getting lost.

planting a tree.

demonstrating.

keeping one's self-control.

ILLUSTRATIONS POUR *LAB MAGAZINE* #5
THÈME : ACTION SPEAKS LOUDER
THAN WORDS
2003
FAIRE SE FONDRE TOUJOURS PLUS
INTIMEMENT LE GRAPHISME
ET LA PHOTOGRAPHIE ET RACONTER
UNE HISTOIRE

ILLUSTRATIONS FOR *LAB MAGAZINE* NO.5
SUBJECT: ACTIONS SPEAK LOUDER
THAN WORDS
2003
MAKING GRAPHICS AND PHOTOGRAPHY
BLEND TOGETHER AND TELLING A STORY

Suite à une erreur de programmation,
François fut téléchargé de l'autre côté du quai.

IMAGES DE L'EXPOSITION « INVASION »
À L'OCCASION DU PROJET ÉPHÉMÈRE
« COLETTE MEETS COMME DES GARÇONS »
À TOKYO
ÉTÉ 2004

IMAGES FOR THE "INVASION" EXHIBITION
AT THE COLETTE MEETS COMME
DES GARÇONS TEMPORARY SHOP
IN TOKYO
SUMMER 2004

La joie d'Émilie était à la haute ... ... engagé pour effectuer l'ascension du gâteau de carotte.

Pascal écoutait les Sex Pistols à fond la caisse avant de réaliser une nouvelle œuvre.

C'était toujours la même chose : chaque fois qu'il fallait du Mir "Peaux Fragiles", il fallait former une grande échelle pour l'attraper.

C'est en escaladant les packs d'Evian que Fabrice trouva la mort en chutant violemment sur le sol. Hervé et Florence se précipitèrent vers le corps sans vie de leur arrière-arrière-arrière-arrière-arrière grand-oncle.

Lorsque la nouvelle se répandit, tout le monde descendit dans la rue pour fêter l'événement.
Seul Jérémy, fou de rage, se positionnait clairement contre la rediffusion de la première saison de «Alerte à Malibu» sur la Une.

Le passage secret menant au trésor avait enfin été retrouvé.
Nous allions être riches!

Patrick avait des idées bien arrêtées sur la société et il le faisait savoir.

[...]nté[...] à 18 heures, cependant, Gilbert étant absent (pour [...] [...] de saison il fut convenu de la reporter à la semaine suivante.

Ce fut Olivier, le plus débrouillard d'entre nous, qui fut finalement choisi pour partir sur Mars.

Après le boulot, tout le monde se retrouvait autour d'une bonne bouteille. René (absent sur cette image) s'était endormi

Pierre inspirait un tel respect que lorsqu'il se déplaçait une haie d'honneur se formait immédiatement.

Albert le rat géant était un as de l'informatique. Il était devenu l'attraction du quartier.

«Je suis géniale» ne cessait de crier Victoria lorsqu'elle achevait son autoportrait, sous le regard intéressé de ses admirateurs.

Emmanuel savait bien que le règlement interdisait de faire pipi dans l'eau mais la tentation était trop forte.

La statue du célèbre écrivain attirait toujours quelques admirateurs – ici, Vincent – qui lui vouait une admiration sans faille.

L'onde de choc provoquée par l'explosion de [...] généra [...] radioactivité telles que tout le monde trouva la mort dans d'atroces souffrances.

Chaque fois que Raymond réussissait un examen (permis de conduire…),
il organisait chez ses parents une méga-party délirante.

designerqüä|ap / 013 / GENEVIÈVE GAUCKLER

La beauté élevée du féminin n'a jamais pas à l'air, dont la réputation de play-boy avait dépassé les frontières.

PUBLICATIONS
L'Arbre génialogique, Éditions de l'An 2, 2003.
Gasbook N°15, Gas As Interface Co. Ltd., Japon, 2004.

REMERCIEMENTS / ACKNOWLEDGEMENTS
Je tiens à remercier ma famille, mes amis et toutes les personnes qui m'ont
permis de développer mon travail.

I wish to thank my family, my friends and everyone who has enabled
me to develop my work.

Pour des informations biographiques ou bibliographiques plus complètes,
vous pouvez consulter le site de Geneviève Gauckler : http://www.g2works.com

For further biographical or bibliographical detail, consult Geneviève Gauckler's website
at http://www.g2works.com